¡POBRECITA DIXIE!

Escrito por Tracy Voss

Ilustrado por Marcy Tippmann

Dedicatoria

A mi querida amiga la doctora Elizabeth Bowman, mi veterinaria de cabecera, quien es una rescatista de corazón y por siempre le agradeceré el cuidado amoroso que ha brindado a mis perros durante años. La doctora Bowman trata a todos los animales con respeto, de forma digna, y con el afecto que se merecen. Definitivamente es una persona única. ¡Gracias por ser la mejor veterinaria del mundo!

Título original: Dixie has the ickies
Copyright ©2022 Tracy Voss
Todos los derechos reservados.

ISBN - 979-8-9864244-1-5

Primera edición en español:
Impreso en los Estados Unidos de América
Live Like a Dog, LLC
PO Box 849
Hondo, TX 78861
LiveLikeaDog.press

Diseño: Marcy Tipmann
Dirección editorial: Andrea Leigh Ptak
Traducción: Mercedes Guhl y Nabey Sánchez

Me llamo Dixie y vivo bajo el porche de una llantera.

Allí vivo junto con mi mamá y mis hermanos.

Mi papá no vive con nosotros, así que mamá se encarga de cuidarnos ella sola.

Mamá ya no tiene suficiente leche para alimentarnos a todos. Hace lo mejor que puede para cuidarnos y mantenernos bien.

Sale todos los días a buscar comida porque no hay nadie que nos alimente. Cada vez le resulta más difícil encontrar suficiente de comer porque nosotros no paramos de crecer.

Los dueños de la llantera no quieren que vivamos allí, pero no tenemos otro lugar adónde ir. Cuando nos ven, nos gritan "¡Largo de aquí!" y nos dicen cosas feas.

Hemos aprendido a no hacer ruido cuando están afuera. Los observamos desde abajo del porche. ¡Shhhhhh!

Los perros, así como los niños, necesitamos a alguien que nos cuide. Necesitamos amor, comida y un lugar limpio para dormir.

Debe haber alguien en algún lugar que quiera hacerse cargo de nosotros. Ojalá tuviéramos a alguien como tú para querernos.

¿Podemos ir a tu casa, a vivir contigo?

Pero primero tengo que contarte algo un poco asqueroso.

¿Me prometes que no te vas a reír? ¿De verdad?

Mi popó tiene lombrices. ¡Qué asco! Las lombrices me dan comezón en el ano, mucha comezón, y tengo que arrastrarme sentada por el suelo para poderme rascar. ¡Fuchi!

Los perros pueden tener todo tipo de parásitos y lombrices, sobre todo cuando viven al aire libre.

También tengo pulgas, unos animalitos minúsculos que nos pican y nos hacen rascarnos.

¿Has visto perros rascándose todo el tiempo? ¡A lo mejor tienen pulgas!

Mi mamá y mis hermanos también tienen pulgas. Ojalá alguna persona nos llevara con un veterinario para que nos curara de todos esos parásitos.

Acabamos de oír un carro que se detiene frente a la llantera. Una señorita de bata blanca se acerca para hablar con los dueños. Todo lo que escucho es: "¡Saque a esos perros de aquí! ¡Tienen parásitos y pulgas! ¡Los quiero lejos de mi local!".

La señorita de la bata blanca mete la mano bajo
el porche para sacarnos uno a uno. Nos pone en
una jaula transportadora en su camioneta. Nunca
habíamos estado tan lejos de mamá. Ladramos y
chillamos y aullamos llamándola.

Cuando la puerta de la camioneta se abre de nuevo, la señorita de la bata blanca carga a mamá. La deposita junto a nosotros en la jaula. ¡Nos alegramos tanto de verla!

Estamos todos juntos otra vez, pero ¿adónde nos llevan? ¿Quién es esta señorita de la bata blanca? Alguna vez oí de un lugar espantoso llamado la perrera municipal. Espero que no nos lleve allá.

Después, nos detenemos frente a una construcción grande que tiene un perro y un gato dibujados en la parte de arriba.

Nos enteramos de que la señorita de la bata blanca es una doctora, la doctora Elizabeth. Es veterinaria, o sea, una doctora que cura a los animales. A ella le encantan los animales y quiere ayudarnos.

La doctora dice que los perros no deberían vivir bajo un porche desprotegidos, ni tener lombrices ni pulgas.

Los perros que son mascotas deben recibir amor y cuidados. Incluso los perros de trabajo, como los que viven en las granjas, deben recibir suficiente alimento y atención.

La doctora nos dio un remedio para quitarnos los parásitos y las pulgas, y eso nos hace sentir mucho mejor. Le damos besos de cachorro, porque así es como los perros expresan su cariño y agradecimiento.

¿Y ahora qué? La doctora Elizabeth nos explica que no podemos quedarnos a vivir con ella para siempre, por más que queramos. Van a buscarnos un nuevo hogar.

Nos cuenta de su amiga Tracy, que se dedica a rescatar perros. La doctora Elizabeth le pide a Tracy que le ayude a buscarnos casa. Y ella empieza a hacerlo de inmediato.

Pensé que tomaría mucho tiempo encontrar a alguien para adoptarme. ¿Y si pensaban que todavía tenía pulgas y parásitos? ¡Pero adivinen qué! ¡Tan solo en un par de días, Tracy encontró el mejor hogar para mí!

Me adoptó una familia con dos hijitas: una es Adalyn, de 6 años, y su hermana mayor, Leila, de 8.

¡Decidieron escogerme porque cuando Adalyn era bebé, su peluche favorito era un perrito idéntico a mí!

Adalyn necesita tener a alguien como yo a su lado, porque tiene que faltar a la escuela a menudo. Tuvieron que operarla del corazón, y por eso debe descansar y recuperarse.

Cuando supe que Adalyn no se sentía bien, me puse triste. Recuerdo cómo me sentía yo por tener parásitos y pulgas.

A Adalyn no le gusta dormir en su cama en las noches, porque le da miedo.

¿Ustedes también sienten miedo por las noches?

Sus papás le dijeron que si conseguía quedarse toda la noche en su cama durante un mes entero, le darían un perrito. ¿Y saben qué? Durmió en su cama sola todo un mes. Así que ella y su familia me escogieron para que yo fuera su mascota.

No veo la hora de conocer a Adalyn. Voy a dormir con ella en las noches, a su lado, para que no vuelva a sentir miedo. Iremos juntas a todas partes como si yo fuera su peluche favorito, ¡solo que soy una perrita de verdad!

Tracy me llevará en su camioneta mágica con Adalyn y su familia. ¡Pronto yo seré parte de esa familia también! Viviré en una casa acogedora y me van a querer y cuidar mucho.

Cuando tienes un perro, siempre tienes un amigo. Los perros te queremos aunque estés enfermo, alegre, triste, o incluso si eres diferente a los demás. Te queremos tal como eres.

Recuerda siempre que todos los perros merecemos un hogar donde se nos de cariño y cuidados.

Si llegas a ver un perro sin dueño, avísale a un adulto. Podría ser que así ayudaras a encontrarle un hogar a ese perro, con alguien especial como tú.

El final feliz de Dixie

Adalyn y su familia adoptaron a Dixie en 2017. Desde el primer momento, se hicieron muy amigas. A lo largo de los años, Dixie ha acompañado a Adalyn a superar otros problemas de salud y visitas al hospital, y ha creado un vínculo especial con ella. ¿Quién se iba a imaginar que esa cachorrita encontrada bajo un porche llegaría a tener ese efecto en una niña?

Podrás enterarte más de ese vínculo especial y de la vida de Dixie con Adalyn en el siguiente libro de la serie: Adalyn y Dixie: una amistad especial, un vínculo perfecto. Allí se cuenta más sobre la historia de ambas y sobre esos lazos tan especiales que muchos niños tienen con sus mascotas, desde perros de compañía que apoyan a niños con discapacidades hasta mascotas comunes que consuelan y alegran a los niños cuando están tristes o se sienten solos, o mascotas que van a visitar a sus humanos en sanatorios y casas de descanso.

Pulgas y parásitos intestinales

Los perros llegan a tener parásitos de muchas maneras. La más común, a través de las pulgas, pero también por medio de ratones y otros roedores.

Pueden contagiarse al tragarse sin querer una pulga infectada cuando se lamen. Una vez que el perro se come la pulga, esta libera los huevos de los parásitos.

A menudo no provocan ningún síntoma evidente, y no constituyen una amenaza de muerte en perros adultos. Pero en los cachorros pueden producir anemia, oclusión intestinal y retraso en el crecimiento.

¿Cómo saber si un perro tiene parásitos intestinales?

Si el perro tiene pulgas, es probable que también tenga lombrices. Muchas veces, sus amos distinguirán pequeñas lombrices como granos de arroz retorciéndose en las heces. A veces también asoman por el ano del perro.

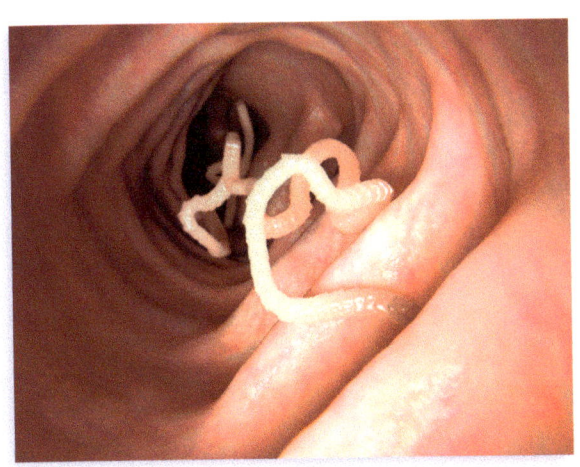

Si crees que tu perro tiene parásitos, llévalo a la veterinaria. Todos los perros deben acudir a revisión veterinaria una o dos veces al año. También hay que desparasitarlos regularmente, con un medicamento que solo puede recetar un médico veterinario.

Las personas también pueden sufrir por parásitos y lombrices, por eso es muy importante que tus mascotas estén al cuidado de un veterinario que se encargue de desparasitarlas.

PAWS, para la promoción del bienestar animal en las escuelas

PAWS, que quiere decir "patitas", es un programa educacional orientado a niños de escuela primaria, para despertar empatía y comprensión hacia todos los seres vivos.

Tracy Voss ha rescatado perros desde niña. Ha participado en rescate de perros sin ánimo de lucro desde 2010, y en la actualidad dedica todo su tiempo libre al programa de rescate PAWS que fundó en 2020 junto con Rhonda Harmon.

PAWS de Live Like a Dog busca enseñar a los niños, por medio de libros educativos y actividades prácticas, cómo convertirse en embajadores que representen la bondad hacia todos los seres vivos, personas incluidas, y el cuidado responsable de las mascotas.

PAWS de Live Like a Dog desarrolla y fortalece los lazos entre humanos y animales, que pueden llegar a ser fuente de consuelo y seguridad para muchos niños que tienen dificultades en su casa o en la escuela.

Todos los niños necesitan apoyo y orientación para tener relaciones sanas con su familia cercana y sus amigos. Lo anterior incluye la relación con las mascotas. Sucede que las mascotas son los amigos más cercanos de muchos niños. Para otros, la mascota puede resultar la única relación estable y de amor incondicional que tengan en su niñez y adolescencia.

Fortalecer los lazos entre humanos y animales puede mejorar la autoestima y darles a los niños un propósito, además de fomentar que desarrollen empatía hacia todos los seres vivos. Este programa les dará a los niños herramientas útiles para que puedan tener una vida feliz a pesar de los muchos desafíos que puedan llegar a enfrentar.

Estamos convencidos de que no hay niño que no quiera darles a sus mascotas el mismo cuidado que merece y anhela para sí mismo. Todos los niños desean crecer en un entorno sano, seguro y amoroso. Ayudarles a participar en el cuidado de sus mascotas y permitirles ser un apoyo para las mascotas abandonadas les enseña a ser responsables en todos los terrenos de la vida.

Live Like a Dog

Live Like a Dog LLC es una compañía con fines educativos, fundada por Tracy Voss en 2021, para promover la empatía y comprensión hacia todos los seres vivos, por medio de la publicación de libros de perros que fueron rescatados en la vida real, y para educar a los niños a través del programa PAWS, para la promoción del bienestar animal en las escuelas.

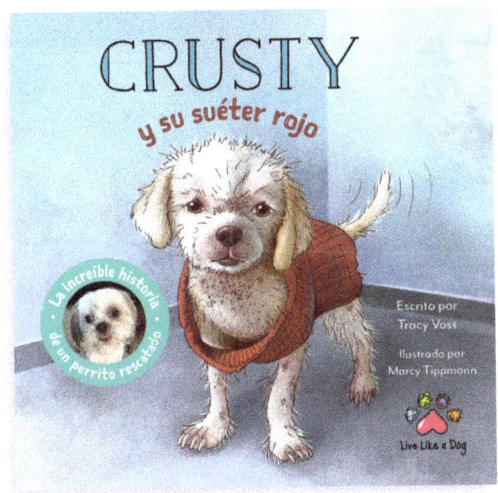

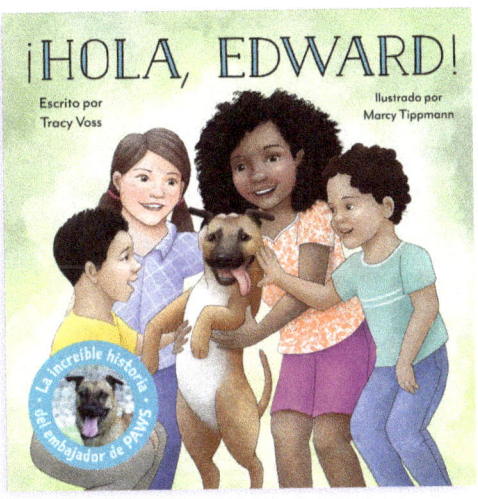

Crusty y su suéter rojo

La increíble historia de un perrito rescatado

Esta es la historia real de un perro que fue rescatado de la vida callejera cerca de la frontera con México, cómo se recuperó con amor y cuidados, y encontró el hogar de sus sueños a 1,200 millas de donde empezó.

¡Hola, Edward!

Embajador de PAWS

Esta es la historia real de Edward, un perro que no dejó que sus rasgos físicos diferentes le impidieran hacer amigos. Tras años de vivir en las calles de Brownsville, Texas, Edward finalmente encuentra su hogar y su misión: enseñar a los niños de escuela primaria sobre el bienestar animal.